LK 2408

OBSERVATIONS

DE L'AUTEUR

DU GUIDE DU VOYAGEUR ET DE L'AMATEUR
A DIJON,

En Réponse à la Critique de cet Ouvrage,
faite par M. GIRAULT, *en* 1822.

*Q*uand on n'est pas blanc, dit un ancien adage, *il faut bien se garder de*
chercher à noircir les autres ; voilà cependant ce que M. Girault a fait à notre
égard ; il nous a jeté le gant, nous le re-
levons avec courage et nous lui prouverons
qu'en voulant nous attaquer, il s'est attaqué
lui-même. Entrons en matière :

Nous étions loin de nous attendre qu'un
auteur qui, depuis quelques années, s'occupe
de l'histoire de Dijon et de la statistique du
département, se crût être le seul homme
qui eût le droit de tracer quelques lignes sur
Dijon et sur la ci-devant Bourgogne. S'ima-
ginerait-il, parce qu'il est Académicien et
membre de plusieurs Sociétés savantes, avoir

le privilège exclusif, d'écrire sur les Monumens et les Antiquités de cette ville ? A l'inspection de sa lettre, insérée dans le Journal de Dijon, il nous a semblé voir passer le bout de l'oreille, et découvrir dans M. Girault, un esprit courroucé, de ce qu'un Imprimeur-Libraire s'est permis sans son autorisation, de composer, d'imprimer et de vendre, le *Guide du Voyageur et de l'Amateur à Dijon*. Nous convenons de bonne foi, qu'une semblable concurrence pouvait un peu l'effrayer, surtout en réfléchissant à ses *Essais sur Dijon*, qui, depuis huit ans, occupent le grenier de l'un de ses libraires et y sont enfouis dans la poussière. Cette circonstance nous rappelle la Fable des Grenouilles, qui, ayant eu connaissance du mariage du Soleil, se mirent à crier: *Hélas! un seul Soleil desséchait nos marais et nous forçait à mourir : que deviendrons-nous donc, s'il vient à avoir des enfans?*

En effet, si, depuis 1814 à 1822, les titres nombreux qui occupent tout le frontispice de son ouvrage, n'ont pas été assez puissans pour le lui faire débiter, lorsqu'il n'y avait que celui-là, combien lui faudra-t-il donc d'années, maintenant qu'il en paraît un autre, pour attendre le débit du dernier exemplaire? Mais si le temps semble trop long à M. Girault, il lui reste encore plusieurs ressources : les bureaux de *tabacs* et les *épiciers*. Cependant, avant de tenter ce *nec plus ultra*, le seul moyen qui lui restât, pour rappeler au Public qu'il avait fait un livre, était de critiquer le dernier venu ; aussi n'a-t-il pas eu la patience d'attendre, pour le faire, que le *Guide du Voyageur* fût au monde, si l'on peut s'exprimer ainsi, puisque nous n'avons pu encore jusqu'à ce jour, le faire annoncer dans aucun de nos Journaux, avant qu'il l'eût été préalablement dans le Journal de la Librairie, ce qui ne vient d'avoir lieu que dans le n° du 23 novembre. Comme la critique a paru avant l'annonce, le Public pourra donc maintenant comparer les deux ouvrages. Nous souhaitons à M. Girault, que, pour faire cette comparaison, on lui évite d'employer, pour le débit de son livre, les ressources que nous lui indiquons plus haut : il ne faut jamais souhaiter de mal à son prochain, lui-même nous en donne l'exemple, car voici comment il commence sa critique :

» Je ne puis me fâcher ni me plaindre » de ce que M. Noëllat ait tant copié dans » mes *Essais sur Dijon* et dans mes *Monumens des Arts de cette ville*, etc. »

Nous sommes ici de l'avis de M. Girault, il n'y a pas de quoi se fâcher ni se plaindre, puisqu'en citant, dans notre avertissement, tous les *auteurs* des ouvrages dans lesquels nous avons puisé ; nous lui avons rendu le

même honneur; cette justice aurait suffi à
un homme modeste. Il continue et dit:

» Puisque la préférence qu'il me donne
» sur tous ceux qui ont écrit avant moi
» sur l'histoire de Bourgogne et de Dijon,
» est un véritable hommage qu'il rend à
» mes travaux, en les considérant, d'après
» son épigraphe, comme la *fleur de cette*
» *matière.* »

Oh, voilà qui est trop fort! Lui donner
la préférence sur tous les auteurs que nous
avons cités! Pourquoi oublie-t-il donc, *à
dessein*, tous les autres, pour ne parler
que de lui? Rendre *hommage à ses travaux* (quand ils ne sont pas erronés),
cela est fort juste; mais les considérer comme
la *fleur de la matière* de notre ouvrage,
ce serait le comble de la *dérision*, comme
nous le prouverons par la suite.

» Cet éloge indirect, loin de nuire à mes
» ouvrages, tend au contraire à les pré-
» coniser, et je ne saurais m'en offenser. »

Cet éloge indirect, prononcé par le Public, serait d'une grande ressource à M. Girault, mais comme il se le donne à lui-
même, il ne peut ni *préconiser* ses ouvrages, ni leur *nuire*; nous n'avons pas eu
de notre côté, une intention plus hostile.

» Il y a plus, c'est que je dois regretter
» que l'Imprimeur du *Guide du Voyageur*
» *à Dijon*, n'ait pas puisé davantage dans

» mes écrits ; on ne verrait pas dans ce
» livre plusieurs erreurs qui le déparent. »

Il faut que M. Girault ait un dépit bien
prononcé contre nous, qui ne lui avons
jamais fait aucun tort, pour nous vouloir
autant de mal ! Il aurait donc désiré, qu'en
puisant davantage dans ses ouvrages, nous
nous fussions rendu complice des mille et une
erreurs dont ils sont composés ? Non, nous
nous sommes tenu sur nos gardes, nous
avons su les distinguer, et nous les avons
abandonnées à la critique publique.

» Ces fautes sont moins celles de M. Noëllat,
» que des personnes auxquelles il s'en est
» rapporté trop aveuglément. »

Comment ! ce n'était pas assez de nous
imputer, comme AUTEUR *du Guide du
Voyageur,* ces prétendues fautes ? Fallait-
il encore en entacher les personnes qui ont
bien voulu nous aider de leurs conseils ?
Nous nous chargeons de tout, et nous y
répondrons.

» Je vais donc les relever, dans l'intérêt
» de l'histoire, et moins pour faire tort à
» l'éditeur que pour donner au contraire
» une plus grande perfection à ce petit
» volume. »

Et nous aussi, nous allons nous justifier
dans l'intérêt de l'histoire : mais auparavant, nous déclarons à M. Girault, que nous
n'avons jamais désiré ni voulu, qu'il donnât
une plus grande perfection à ce petit

volume; c'était à ses ouvrages, qu'il fallait
la donner, ils se seraient mieux vendus,
il ne s'en serait pas pris au nôtre, et il ne
nous aurait pas donné l'occasion, d'apprendre au Public, ce que nous voulions
taire, à l'égard de ses principales productions.

Nous admirons réellement la patience de
notre historien-critique, pour avoir compté
les pages entières, les deux tiers, les moi-
tiés et les fragmens de pages, qu'il prétend
que nous avons extraits de ses ouvrages.
Supposons pour un instant que tout ce qu'il
dit soit vrai, ne lui en aurions-nous pas
rendu les honneurs, en le citant comme nous
l'avons déjà dit, au nombre des auteurs
dans les ouvrages desquels nous avons puisé? Il n'y avait donc, nous le répétons,
qu'un sot orgueil d'écrire, ou une basse
jalousie, qui pût le pousser à revendiquer
ce que, d'après les principes de la justice,
nous lui avions déjà accordé. Mais comme
la critique de M. Girault, loin d'être celle
d'un homme érudit, n'est au contraire qu'un
tissu d'erreurs, hâtons-nous de faire connaître, par des preuves irréfragables, quelle
foi l'on doit ajouter à ses écrits; citons plusieurs morceaux de quelques-unes des pages
de notre livre, qu'il annonce comme ayant
été extraites *entièrement* de ses œuvres.
Dans la page 15, par exemple, qu'il cite
l'une des premières, nous y lisons à la fin :

« Ce bastion (appellé *des Privilégiés*)
» situé presque vis-à-vis de la porte d'Ouche
» et près de l'Hôpital général, forme au-
» jourd'hui le jardin de cet hospice. »

Nous commençons par mettre M. Girault
au défi, de citer ce passage, comme extrait
d'aucune de ses productions littéraires.

Passons aux 18ᵉ et 19ᵉ pages ;
» Pendant nos troubles, rempli jusqu'aux
» combles (nous parlons ici du Château),
» il servit à loger une partie des victimes
» que l'on destinait à la faulx révolution-
» naire. C'est aujourd'hui, la caserne de la
» Gendarmerie et de l'Etat major de la 20ᵉ
» Légion de ce corps. »

Nous défions à M. Girault, qui se trouve
encore ici aux prises avec la vérité, de prouver que ce passage lui appartient ; c'est le
fruit de nos investigations et des renseignemens que nous avons recueillis ; il en est
de même du premier exemple, que nous
venons de citer plus haut.

Les trois quarts de la page 19, qu'il cite
aussi comme lui appartenant, sont extraits
de *Courtépée, tome* 2, *page* 100, où
M. Girault aura sans doute puisé, pour composer le passage de son livre, qu'il nous re-
vendique comme le sien ; nous y renvoyons
donc les personnes qui voudront vérifier le
fait.

La page 22, composée de toutes les ad-
ministrations du département de la Côte-

d'Or, nous appartient comme à M. Girault, nous avons, comme lui, puisé nos renseignemens sur les lieux et non dans aucun auteur; ce qui le prouve d'une manière incontestable, c'est que, pour rendre hommage à la vérité, nous avouons, avoir commis une erreur dans cette page (1), que nous n'eussions pas commise, si comme l'avance M. Girault, nous eussions copié mot-à-mot, le passage de son livre; c'est peut être la seule page de ses ouvrages où l'on ne trouve point de fautes, nous l'en félicitons bien sincèrement; mais cette particularité, qui se trouve là si à propos pour nous justifier, doit suffire pour faire connaître au Public, que M. Girault lui en impose, en citant encore cette page comme lui appartenant; il a bien assez de ses erreurs sans se charger de celles des autres.

Passons maintenant à la page 228, qu'il cite également comme venant *entièrement* de lui; nous avons extrait les deux tiers de cette page, de *Courtépée*, tom. 2, pages 130 et 131; et l'autre tiers, qui forme la note au bas de la page, est extrait mot pour mot du nouveau voyage en France, par *Piganiol de la Force*, tom. 1er, page 229. Ce dernier passage se trouve aussi dans *Garreau*.

_____

(1) Nous venons de la réparer par un carton.

Donc, de deux choses l'une, ou M. Girault ne sait pas lire, ou il agit de mauvaise foi; s'il ne sait pas lire, il est temps d'apprendre; dans le second cas, il doit savoir que la mauvaise foi ne sied à personne.

Il nous paraît inutile d'entrer dans de plus longs détails sur le reste des citations; les exemples que nous venons de rapporter, sont plus que suffisants, pour dévoiler en même temps, la méchanceté et la mauvaise foi de notre antagoniste.

Passons maintenant aux articles qu'il a critiqués, voyons si M. Girault a prononcé en connaissance de cause, et conséquemment en dernier ressort; nous ne le croyons pas, et c'est ce que nous allons prouver.

I.

Il cite de notre ouvrage, page 2, l'article suivant :

« *Les Celtes avaient leur forêt sur une élévation appelée* Mallus, *où ils offraient leur sacrifice,* etc. » Puis il dit :

« Le mot *Mallus* est du moyen âge, et
» non du temps des Celtes. *Mallus* ne
» signifiait point un lieu élevé; on n'y of-
» frait point des sacrifices: c'était le lieu où
» se rendait la justice sous les premières
» races de nos Rois, etc. »

Nous répondrons à M. Girault, que ses lumières l'ont trompé à l'égard de cet article, qu'en le critiquant, il tombe lui-même dans l'erreur, parce que le *Mallus* n'est point du moyen âge, qu'il est au contraire *du temps des Celtes*, qu'il signifiait *un lieu élevé* et qu'on *y offrait des sacrifices*; les extraits suivans viendront à l'appui de ce que nous avançons;

« Le lieu où s'assemblaient les Celtes pour faire leurs cérémonies, s'appellait *Mallus*, c'est-à-dire le sanctuaire où la divinité aimait à se manifester d'une façon particulière. ... On y immolait des victimes humaines. .... Il ne se tenait aucune assemblée, soit civile, soit religieuse, qui n'offrît un spectacle inhumain. Le 26ᵉ axiome des Druïdes nous fait connaître que le chevalier qui arrivait à l'assemblée après l'heure préfixe et le dernier, était supplicié. »

Les recherches sur la langue celtique nous apprennent encore que « *Mall*, signifie hâte, empressement, vitesse, rapidité, violence, et *Wm*, élévation : ce qui démontre que le *Mallus*, signifiait un point élevé, et qu'il y avait des peines infligées, si l'on n'y arrivait pas des premiers. Nos Rois de la première race avaient conservé ce mot *Mallus*, (d'origine celtique), pour signifier le lieu où leurs juges tenaient leurs assises. Nous avons pour garant de cette assertion, *Gollut*, *l'abbé Yvon*, *Bullet* et les *Encyclopédistes*. » Ainsi, n'en déplaise au savant par excellence, M. Girault, sa science, dans les antiquités celtiques, est ici en défaut, nous l'y trouverons sur bien d'autres articles.

II.

Page 5. *Qui indiquent après les Celtes, le séjour dans ces contrées, des Gaulois, etc.*

Notre critique, après avoir cité ces deux lignes, dit :

« Le mot *Celtes*, est le nom primitif du peuple, celui que la nation se donnait elle-même : tous les habitans des Gaules le portaient. »

Voilà une assertion qui nous paraît un peu hasardée, pour un antiquaire ; il est question de savoir ici, si les Celtes et les Gaulois ont été le même peuple ; laissons répondre *César* et les *Encyclopédistes,* leur savoir peut bien aller de pair avec celui de M. Girault, personne ne le contestera ; voici ce que dit *César* dans ses commentaires :

• Les *Celtes* avaient donné leur nom à la Celtique, l'une des trois parties dans lesquelles la Gaule était divisée ; les deux autres étaient la Belgique et l'Aquitanique ; les habitans de ces trois parties différaient de noms, de langage et de coutumes. »

« Les Encyclopédistes on dit : que ceux qui ont cherché curieusement l'étymologie

du mot Gaulois ont commencé par perdre
leur temps et leurs peines.....

» Que ce n'est pas à l'étymologie du mot
que se borne notre ignorance, mais à tous
ce qui concerne les Gaulois, et que nous
ne savons rien par nous-mêmes de l'état de
l'ancienne Gaule, de l'origine de ses peuples, de leur religion, de leurs mœurs et de
leur gouvernement: que le peu qu'on en
connaît se recueille de quelques passages
échappés, comme par hasard, à des historiens de la Grèce et de Rome.. *Verbo
Gaulois.*

» Le nom des *Celtes*, ainsi que leur
origine, est enveloppé de ténèbres que les
grammairiens ont en vain tâché de dissiper.
Ammien Marcelin, sur la foi de Timagène,
historien grec, assure que les *Celtes* furent
ainsi nommés d'un Roi respecté par la sa-
gesse de son administration et par l'éclat de
ses victoires. Sa mère Galatie, dont il ché-
rissait la mémoire, donna son nom à une
portion de la nation, qui fut appellée Galatie..... *Jules-César* se borne à dire
que le nom de *Celtes* doit son origine à la
langue naturelle du pays que ces peuples
habitaient. *Verbo Celtes.* »

III.

Nous disons, page 6 et 46 du Guide du
Voyageur: « *L'an 173, où Marc-Aurèle
était à Dijon*, etc., etc. »

« Il a été démontré, dit M. Girault, dans
» une discussion de quelqu'étendue, ap-
» püyée de preuves et de raisonnemens,
» insérée page 48, des Travaux de l'Aca-
» démie, 1817, que cet empereur était à
» Dijon, dans l'automne 178. Ces preuves
» sont imprimées : elles ne sauraient être
» détruites par une simple assertion. »

Marc-Aurèle est-il venu à Dijon, l'an 173,
ou l'an 178?

Nous répondrons : qu'une foule d'auteurs
ont écrit sur cette matière, et que basant leur
opinion sur les actes du martyre de Saint-
Benigne, sur les chroniques d'Eusèbe et de
Prosper, sur Orose et Eutrope, ils ont établi
que le passage de Marc-Aurèle à Dijon, a
eu lieu en 173. Ces auteurs, contemporains
du siècle où vivait cet Empereur, doivent
l'emporter sur les savantes dissertations faites au 19me siècle, que M. Girault invoque
comme infaillibles.

Pour nous, nous nous bornerons à res-
pecter nos anciens historiens, et nous atta-
cherons la plus grande confiance à croire
que ce passage a eu lieu en 173, jusqu'à ce
que M. l'antiquaire nous ait découvert un
monument semblable à celui du Triumvirat d'Auguste, Antoine et Lépide, et qui
porte textuellement le millésime de ce passage.

IV.

Nous disons page 8 du même ouvrage :

« *La destruction des temples des faux Dieux et des tombeaux des Païens, appartient à l'époque où le Christianisme est devenu dominant.* »

« C'est de ce système, dit encore notre
» critique, qu'on part pour reporter, jus-
» qu'au temps d'*Honorius*, contre le texte
» clair et précis de Grégoire de Tours, la
» construction des fortifications de Dijon :
» système imaginé pour mettre sur le compte
» des chrétiens triomphans ces actes de bar-
» barie ; mais cette fausse doctrine est com-
» battue et réfutée dans un Mémoire inséré
» aux Travaux de l'Académie, 1820, page
» CXII. et suiv. les Catholiques des pre-
» miers siècles y sont vengés du reproche
» de mutilation qu'on ne peut attribuer
» qu'aux Vandales.

Il s'agit donc de savoir ici, si les temples des Païens ont été détruits par les Chrétiens ou par les Vandales ?

Voici à cet égard les renseignemens que l'histoire nous a procurés :

L'an 396. *Honorius*, empereur d'Occident, donna aux ecclésiastiques tous les Temples des faux dieux avec les porches et lieux adjacens, il leur permit de briser les idoles et de fondre celles dont ils pourraient faire des vases consacrés au divin service.

L'année 397, fut remarquable par la destruction de tous les Temples, tant en Orient qu'en Occident, et par les Edits qu'*Arcadius et Honorius* firent contre toute espèce d'idolâtrie, car dans toute l'étendue de l'Empire romain il fut ordonné que les matériaux de ces édifices seraient employés à réparer les ponts, les grands chemins, les aqueducs et les murailles des villes.

Le roi *Childebert* ordonna, en 554, de détruire les restes des idoles, à peine de condition servile et de cent coups de verge. Il avait ordonné que ceux qui, après avoir été avertis, conserveraient encore dans leurs champs des idoles ou des figures consacrées au démon, et ne les auraient pas abattues, ou auraient empêché *les Prêtres de les abattre* fussent contraints à donner caution, pour comparaître en sa présence, ou punis comme des sacriléges.

Une infinité d'Édits des Empereurs romains, de Capitulaires ou Ordonnances de nos rois, ont ordonné la destruction des Temples des Païens et des idoles, les Prêtres étaient chargés de mettre à exécution la volonté de ces Souverains.

Les lois des Empereurs romains, des rois de France, l'Histoire ecclésiastique, les Conciles, les Actes des martyrs, attestent qu'on ne peut mettre ces destructions sur les *Vandales,* et qu'elles doivent être at-

tribuées à la haine que les Chrétiens portaient au Paganisme.

Ainsi, quelque poids que puisse avoir le
Mémoire cité par l'antiquaire Girault, il ne
peut prévaloir contre notre opinion, ap-
puyée des Actes des Souverains, des Conciles, et de ce qu'en disent les Historiens
ecclésiastiques du temps.

V.

Nous disons page 32 du GUIDE DU VOYA-
GEUR :

*La suppression des ordres religieux
s'étant effectuée en France, à l'instar
de l'ancien Gouvernement français,
qui, à l'époque du ministère de M. de
Brienne, avait déjà fait disparaître
plus de quinze cents monastères, etc.*

Notre académicien-antiquaire dit à ce
sujet :

» Le cardinal de Brienne est entré au
» ministère le 5 mai 1787 ; il l'a quitté le
» 25 août 1788. Sous le *règne* de ce prin-
» cipal ministre il n'y eut pas de suppres-
» sion de couvens ; les ordres monastiques
» ne furent supprimés que par décrets de
» l'Assemblée constituante, des 5 et 13
» février 1790 ».

Pourquoi n'attribuer qu'aux lois des 5 et
13 février 1790, la destruction des monastères ? C'est que les connaissances de l'anti-

quaire Girault ne s'étendent pas au-delà de 1790, nous lui apprendrons cependant, nous qui ne sommes pas antiquaire, que la Bourgogne, avant ce temps, a vu disparaître de son sol, les maisons religieuses des *Templiers*, celle des *Jésuites*, des *Antonins*, du *Saint-Esprit*, celles des *Religieux de Larrey*, de *Bonveau* sous Talant, et encore de nos jours, celles des *Dames de Tart*, des *Bénédictines* de Prâlon et de Rougemont, des *Jacobines* de Dijon et tant d'autres maisons dont il ne reste plus que quelques vestiges.

Ce ne sont point ces lois, non plus, qui ont chassé de notre ville, les religieux d'*Auberive*, de *Cîteaux* et de *Clairvaux*, qui y avaient leur maison et qui en 1567 faisaient *guet* et *garde* avec les habitans de Dijon et non avec le clergé.

Toutes ces Maisons sont tombées avant le ministère de M. de Brienne, et conséquemment avant la destruction du reste des monastères, produite par la révolution; et si l'on en faisait le dénombrement dans toute la France, au lieu de *quinze cents*, on en trouverait peut-être plus de *trois mille*. Voilà ce qui était hors de la sphère de ce pauvre M. Girault, ce n'est point sa faute, s'il l'eût su, cela lui aurait évité une erreur de moins, en disant pour critiquer notre ouvrage, que : *les ordres monastiques ne furent supprimés que par dé-*

crets de *l'Assemblée constituante*, des
5 et 13 *février* 1790.

VI.

Page 36 de notre GUIDE, nous disons :
*Les autres couvens tels que : les Béné-
dictines, Bon-Pasteur, Carmes, Cor-
deliers, Feuillans, etc., etc. sont ou
démolis ou font la demeure des parti-
culiers qui en ont acheté la propriété,
et sous l'un comme sous l'autre rapport,
ils ne présentent actuellement rien qui
intéresse la curiosité de l'étranger.*
Ce bon M. Girault, a une telle deman-
geaison de critiquer, qu'il ne s'apperçoit
pas que nous parlons ici des monumens des
arts ; voici ce qu'il dit de notre article :
» Ceci renferme plusieurs erreurs : 1° On
» jouit sur l'emplacement des *Feuillans,*
» du plus beau point de vue des deux
» Bourgogne, et l'étranger cherche les
» beaux sites; » comme s'il était question
de *sites* dans l'article que nous citons plus
haut ! Mais supposons pour un instant qu'il
en fût question, ce ne serait point au ci-
devant couvent des Feuillans, comme le dit
M. Girault *où l'on jouirait du plus beau
point de vue des deux Bourgogne,* ce
serait à *Talant, à Bel-Air* ou encore
mieux sur le *Mont-Afrique,* personne ne
peut en douter que notre antiquaire, dont

la sphère des connaissances ne s'étend probablement pas plus loin, que les bornes de
l'horison qu'il découvre du sommet des ci-
devant Feuillans ; mais comme il est aujour-
d'hui propriétaire de ce lieu, et qu'à notre
article *Fontaine,* p. 327 et 328 (que nous
n'avons cité qu'à l'occasion de la naissance
de Saint Bernard) nous n'avons pas parlé
de lui, cet oubli de notre part, l'a un peu
blessé, et lui a fait trouver des erreurs, où,
malheureusement pour lui, il n'en existe
aucune. Voilà l'effet de l'amour propre et
de celui qui se voit seul partout !

VII.

Page 47 du GUIDE, on y lit :
» *La basilique de* Saint-Bénigne *fut*
» *établie en partie sur l'ancien temple*
» *de Saturne.* »
Notre unique savant du 19.ᵉ siècle, dit à
l'occasion de cette phrase :
» Cette opinion, indiquée par Garreau
» comme provenant du Polonais *Surius* et
» du Toulousain *Belle-Forét*, les deux
» plus mauvais garans qu'on ait pu choisir,
» les deux historiens les plus en discrédit,
» a été victorieusement combattue par Dom
» Plancher .... et Legouz-Gerland .... et
» depuis elle n'a été adoptée par aucun de
» ceux qui ont écrit sur Dijon et la Bour-
» gogne. »

Divers monumens attestent que le Bourg (aujourd'hui la partie de la ville de Dijon, du côté de Saint-Bénigne, séparé par *la Flumare* de Suzon) renfermait un vaste champ funéraire destiné, dès l'origine de cette ville, à la sépulture des païens. C'est dans l'étendue de ce cimetière que saint Grégoire évêque de Langres, après la découverte du corps de Saint Bénigne, fit élever une basilique, et y établit des religieux vers l'an 5o6.

Si l'auteur anonyme de la chronique de Saint Bénigne a gardé le silence sur les ruines de quel temple l'église Bénédictine a été élevée, cela ne détruit pas l'opinion qui s'est conservée, que ce lieu était consacré à des divinités païennes, quand on sait que là était l'Elisée du *Pagus divionensis* et qu'on apprend encore que dans le VI° siècle, Saint Benoît s'établit dans un temple consacré à Apollon, sur le penchant du Mont Cassin.

Surius, cet habile légendaire, à qui tous les Manuscrits des anciennes histoires des maisons religieuses étaient communiqués, a écrit en connaissance de cause. Il a donc écrit et sur des monumens connus de son temps, et sur des traditions conservées dans la maison Saint-Bénigne de Dijon et parmi les Saváns d'alors. Si l'historien *Belle-Forét* nous a transmis cette notice, elle est plus utile que le BEAU CONTE que *l'enmédaillé* Girault nous a fait sur *Amagétobrie*, et dont nous aurons à nous occuper par la suite.

Nous sommes au désespoir de prouver encore ici à notre académicien, qu'il ne dit point la vérité, qu'il continue d'en imposer au Public en disant que *notre opinion n'a été adoptée par aucun de ceux qui ont écrit sur Dijon et sur la Bourgogne.* Prouvons ce que nous avançons et nous mettrons par là, M. Girault, pour la septième fois, au défi de nous répondre :

L'abbé Fyot, dans son histoire de l'église Saint-Etienne, page 4, de sa dissertation historique, dit en parlant de l'étymologie de Dijon : » On ne croit pas qu'on doive
» la tirer du mot *Divi*, par rapport à ce
» *Temple* (la Rotonde de Saint-Bénigne)
» *dédié aux dieux Jupiter, Mercure*
» *et Saturne* par l'ordre de Marc-Aurèle,
» etc. »

Piganiol de la Force, tome 1er page 216 du nouveau Voyage en France dit : » Ce
» bâtiment (en parlant de l'ancienne Rotonde de Saint-Bénigne), que quelques-
» uns croient avoir été un *Temple des faux*
» *dieux*, est vuide dans le milieu, et ne
» reçoit de jour que par une ouverture
» d'en haut. »

M. Robert de Bezouotte, dans son Dictionnaire géographique, article Dijon, page 468, dit également en parlant de la Rotonde de Saint-Bénigne : » C'était le *Temple* dont

» l'empereur Marc-Aurèle ordonna la con-
» struction en l'honneur de *Jupiter*, de
» *Mars* et de *Saturne*, lorsqu'en l'année
» 173, il visita les nouveaux murs dont il
» avait fait environner Dijon. »

Eh bien, M. Girault, *il n'y a personne
de ceux qui ont écrit sur Dijon, qui
adopte cette opinion?* Répondez si vous
le pouvez? Nous vous citons cependant ici,
trois écrivains érudits, les prenez-vous pour
personne?

VIII.

Nous disons page 54 du GUIDE: *La reine
au pied d'oie était Berthe, femme du
roi Robert.*

« L'abbé Lebœuf (dit notre *savant* cri-
» tique) a démontré que ce devait être la
» reine de *Saba*. Certes l'opinion d'un sa-
» vant tel que celui-là, méritoit bien qu'on
» la discutât avant de produire et d'affirmer
» un sentiment contraire. L'avis de l'abbé
» Lebœuf se renforcéra, si l'on réfléchit
» que les religieux n'auroient pas mis à
» l'entrée de leur église et au milieu des
» saints personnages, une reine que l'église
» avait excommuniée.

» Le P. Mabillon voulait que cette reine
» fût *Clotilde;* l'abbé Bullet y a vu la reine
» *Berthe;* mais l'abbé Lebœuf est celui
» qui a le plus éclairci le fait, et dont les
» probabilités sont les plus admissibles. »

La reine ayant un pied d'oie qui était représentée au portail de l'église Saint-Bénigne de Dijon, a exercé et partagé les opinions des savans. L'abbé Bullet examinant les conjectures de *Misson, Mabillon, Montfaucon* et *Lebœuf*, les rejette et pense que cette statue était celle de la reine *Berthe*.

Si le petit Antiquaire dijonnais, dans ses érudites découvertes, eût présenté au public une reine au pied d'oie, comme faisant la décoration de quelques édifices, soient civils ou religieux, et portant une inscription qui fixât son nom, oh! alors, nous pourrions ajouter foi à ses travaux académiques.

Mais comme ses *vastes connaissances* ne lui feront point rencontrer une statue de ce genre, nous persistons toujours à croire que c'était la reine *Berthe*, épouse du roi Robert le pieux, car son opinion est trop au-dessous de celle des Savans, qui ont donné leur temps à l'étude de ce monument dijonnais.

IX.

Page 58. *Il y a erreur dans le millésime gravé sur la tombe d'Uladislas; on a mis un I, il devait y avoir un L.*

» L'erreur qu'on veut y voir (dit notre
» critique) n'existe pas; il y a bien un L et
» non un I, etc. »

Dom Ville-Vielle avait communiqué aux

auteurs de l'art de vérifier les dates, une inscription fautive du monument funèbre élevé au roi-moine Uladislas, tirée des archives de Saint-Bénigne. Des copies extraites du M SS. de dom Ville-Vielle marquaient un I après les trois C, et avant les trois X ; la date de la mort de ce moine étant fixée par les historiens à l'an 1388, nous nous sommes cru en droit d'écrire, que si un L n'existait pas au lieu d'un I, il fallait l'y supposer. Voilà la base de la 9ᵉ niaiserie critique de M. Girault ; nous étions d'accord avec lui sur le millésime de cette inscription, alors point d'anachronisme ; mais nous ne le serions pas avec lui sur l'inscription et la description de cette tombe, si ce descripteur bannal voulait la soumettre à ses tournures forcées, comme il le fait en prenant le manteau royal de ce roi, pour un *habit de Bénédictin* et pour des *losanges*, (voyez l'Almanach de la Côte-d'Or 1818, page 117), ce qui représente des *dessins gothiques*.

X.

Page 222. *La grande salle, dite Salle des Pas-Perdus, a été élevée sous les ordres de Charles IX, et achevée sous Henri III, dont la statue se voyait au dehors.*

Notre *savant* se fourvoie encore, en citant le passage suivant : . . . .

» Courtépée, 1-492, dit au contraire
» que Henri II commença à bâtir la grande
» salle et le portail sur lequel est sa statue;
» Charles IX fit achever ces constructions
» pour 3,000 fr. (on ne parlait pas de fr.
» sous Charles IX). Nous avons suivi
» Courtépée; nous ne connaissons pas les
» preuves qui ont été fournies à M. Noëllat
» pour contredire cet historien. »

Eh bien M. Girault, vous qui voulez
toujours avoir raison, nous allons vous faire
*connaître les preuves qui nous ont été
fournies, pour contredire cet historien,*
et vous vous trouverez encore en défaut
comme à votre habitude; mais ce qui vous
surprendra bien davantage, c'est que pour
contredire Courtépée nous allons vous citer
Courtépée lui-même. Cet historien ayant
commis une erreur sur l'article que vous
citez de son tom. 1-492, a cru devoir la
rectifier dans son tom. 2. page 163 et c'est
cette dernière opinion, que nous avons cru
devoir adopter, comme étant la plus digne
de foi. Voici le passage tel que nous l'avons
extrait de cet historien; » Charles IX y
» fit construire (en parlant de l'ancien Palais)
» la grand'salle achevée sous Henri III, dont
» on voit la statue au dehors. » Voilà nos
preuves, elles sont irrécusables, est-ce
notre faute si notre *académicien-antiquaire* ne l'est que de nom?

2

XI.

Page 225. *La Maison rue Notre-Dame,
dont la façade est très décorée, était
l'Hôtel des ambassadeurs d'Angleterre.*

« Cette maison (dit notre aristarque mo-
» derne) qui porte le millésime de 1561, ne
» saurait se rapporter à l'époque où l'Angle-
» terre avait des agens accrédités près de
» nos Princes.

Puis il continue et dit : « l'abbé Courtépée,
» 11-102, place l'Hôtel d'Angleterre *rue
» des Forges,* près le Bailliage, c'est-à-
» dire, au couchant de l'Hôtel de cette juri-
» diction, ce qui est en effet la *rue des
» Forges,* tandisqu'au levant, où est la mai-
» son Milsand, c'est la rue Notre-Dame. »

On reconnaît ici l'historien qui estropie
à dessein tous les auteurs dont il veut s'appuyer, pour avoir raison dans sa réfutation ;
eh bien, nous allons encore nous servir
des armes de M. Girault, pour le battre
victorieusement ; il ne s'agit ici que de réta-
blir les faits et de rapporter textuellement
ce que dit Courtépée et non ce que lui fait
dire notre critique : Cet auteur en parlant
de l'Hôtel d'Angleterre tom. 2, page 102,
dit : « Cet Hôtel, qui a encore de l'apparence
» et *des ornemens de sculpture,* est proche
» le Bailliage, *du côté de la rue des Forges.* »
N'est-ce donc pas là précisément où nous
désignons qu'était cet Hôtel ? ne présente-

t-il pas encore *des ornemens de sculpture?*
n'est-il pas *proche le Bailliage* et *du côté
de la rue des Forges?* ne sommes-nous
pas d'accord avec Courtépée quand nous le
faisons parler comme il écrit? Or pourquoi,
Monsieur, lui faites-vous dire que l'Hôtel
d'Angleterre était *rue des Forges* lorsqu'il
dit lui-même dans la page que vous citez :
du côté de la rue des Forges ; du *côté de
la rue* et *dans la rue* sont deux choses bien
différentes ; mais aux yeux de M. Girault,
ces deux expressions sont apparemment syno-
nimes ; voilà la justesse de ses raisonnemens
et comment il assaisonne tous ses écrits.

Si nous avions besoin d'un autre témoi-
gnage que celui de Courtépée lui-même,
nous pourrions encore citer à l'appui de
notre assertion, M. Robert de Bezouotte
qui, dans son Dictionnaire géographique,
article Dijon, page 476, dit : » La grande
maison de la *rue Notre-Dame,* chargée
de tant *d'ornemens et de sculpture,* était
l'Hôtel des ambassadeurs d'Angleterre. »
Que répondez-vous M. Girault? nous avons
pour nous M. Robert et Courtépée, tandis
que vous n'avez de votre côté, que les mensonges que vous faites dire à ce dernier,
parce que vous savez qu'il ne peut plus
vous répondre.

XII.

Pages , 29-235. *L'Académie fit un*

échange pour avoir son hôtel. Page 342.
M. Pouffier le lui donna.

» Ces deux faits sont contradictoires, et
» ni l'un ni l'autre ne sont vrais (dit notre
» critique).

Ces deux faits ne sont pas contradictoires
et l'un et l'autre sont vrais. Personne ne
doute que l'Académie de Dijon fut fondée
et dotée par les dispositions de M. Pouffier,
des 1ᵉʳ octobre, 1725, 20 juin 1726 et 10
mars 1732, dont l'établissement fut con-
firmé par lettres-patentes du mois de juin
1740; tout le monde sait aussi que l'hôtel
dans lequel s'assemblent MM. les académi-
ciens, n'est pas celui que M. Pouffier donna
à cette Société; ce bienfaiteur avait ordonné
par ses dispositions, que *ces savans s'as-*
sembleraient dans celui où il demeu-
rait, et qui devait aussi être occupé par
MM. les doyens du parlement de Dijon,
qui lui succéderaient dans cette charge.
M. Vitte son successeur, pour remplir en-
vers l'Académie les obligations qui lui étaient
imposées par le testament de M. Pouffier,
donna à cette Société une partie des fonds
provenant de la vente de l'hôtel du *dona-*
teur et avec lesquels, l'Académie acheta
l'hôtel qu'elle occupe aujourd'hui; c'est ce
qui nous a autorisé à dire: Page 235, *cet*
édifice, (en parlant de l'hôtel de l'Académie), *échangé contre un Hôtel prove-*
nant de la générosité de M. Pouffier, etc.

Voilà notre phrase, elle n'est point équi-
voque comme celle que cite M. Girault,
qui ne nous appartient point, et qu'il a encore fabriquée exprès pour avoir gain de
cause. Il en est de même de la page 342, d'où
il rapporte la phrase suivante : *M. Pouffier
le lui donna*. Au lieu de cette expression
nous disons : » *Hector* POUFFIER, donateur
de l'hôtel de l'Académie. » Puisque cet
hôtel a été acheté avec les fonds provenant
de M. Pouffier, il nous semble qu'on peut
bien lui donner le titre de *donateur*, qui
exprime très bien celui qui fait une *do-
nation*.

XIII.

» En parlant, page 240. du Médailler de
» l'Académie , on s'est borné à copier ce
» qu'on lit, page 72, d'un écrit anonyme
» imprimé à Dijon, 1808, in-8°. , intitulé :
» *Observations sur le passage de M. Mil-
» tin à Dijon.* » Puis l'historien-Médailliste
continue : « Nous ne voulons pas soulever
» le Manteau sous lequel l'auteur aime à
» rester enveloppé .... Certes, ici
» l'on voit bien que M. Noëllat a été visi-
» blement induit en erreur par celui qu'il a
» copié. »

Certes, ici l'on voit bien que si nous
eussions extrait cet article des ouvrages de
M. Girault, il ne nous aurait pas reproché
d'avoir été *induit en erreur*; Mais puis-

que M. Girault connaît si bien celui qui nous
a fourni cet article, pourquoi a-t-il attendu
jusqu'à ce jour pour lui reprocher cette erreur d'une manière indirecte? qu'il ne craigne
point *de soulever le manteau sous lequel
l'auteur aime à rester enveloppé*, on ne
lui saurait aucun gré de cette prétermission,
qu'il parle ouvertement, on attend sa haran-
gue et ses discours mensongers, mais nous
le prévenons d'avance qu'on lui répondra *en
bon français.*

Quant à l'erreur qu'il reproche à l'auteur
d'où nous avons extrait cet article, si c'en
est une réellemeut, M. Girault ne doit pas
crier si haut, l'auteur n'est pas à blâmer,
il a copié textuellement cet article sur le
catalogue manuscrit et autographe (dont
M. son frère était possesseur) de M. Boulle-
mier, qui a été conservateur du Médailler
de l'Académie; il ne pouvait suivant nous,
puiser ses renseignemens, dans une source
plus pure ni plus authentique.

XIV.

Page 249 du Guide. La Bibliothèque publique *se trouvait placée à l'étage supé-
rieur* D'UNE *espèce d'observatoire* DES *bâtimens* DU *Collège.*

Notre aristarque dit, à l'égard de cette
phrase :

« Un observatoire n'a pas d'étage supé-
» rieur,

» On ne connaît pas d'observatoire de
» bâtimens. »

Nous lui répondrons qu'en sa qualité d'Académicien, il devrait au moins comprendre
le français ; car nous sommes sûr qu'il est
le seul qui ait trouvé une faute dans cette
phrase ; en parlant *d'une espèce d'obser-*
vatoire où se trouvoit placée la Bibliothèque
du Collège, nous n'avons pas dit que ce *fût*
un observatoire, mais par allusion, une
partie élevée des bâtimens du Collège, qui
ressemblait, qui avait quelque rapport à un
observatoire.

Quant aux mots *d'une, des, du*, qu'il
désigne comme fautes, ce sont des articles,
déterminatifs qui deviennent d'une utilité
indispensable, pour faire rapporter au mot
Collège, les deux substantifs qui le précede.
Au reste, comme l'article de la bibliothèque
nous a été communiqué par quelqu'un qui
la connaît mieux que M. Girault, et que la
rédaction ne nous en appartient pas, nous
n'avons justifié ce passage critiqué, qu'en la
place de son auteur ; mais si M. Girault n'est
pas satisfait de cette justification, il peut
écrire à l'auteur de l'article, nous lui don-
nerons son adresse, il recommencera une
nouvelle correspondance littéraire, on est
prêt à lui répondre.

XV.

Page 259. *M. Devoges fut privé de la*

moitié de la vue pendant plusieurs années.

Nous avons voulu dire ici, *privé d'un œil*, et nous sommes certain que toutes les personnes qui nous auront lu, ne l'auront pas compris autrement; cependant comme notre expression n'était pas aussi claire que celle que nous désignons ici, nous convenons que M. Girault pouvait bien ne pas l'entendre, et voilà la raison pour laquelle nous lui en donnons bien volontiers le commentaire, comme nous l'avons déjà fait pour les 14 premiers articles qui précèdent, et qu'il n'a pu comprendre sans explications préalables.

XVI.

Page 287. » La devise de la Société de
» la Mère-Folle n'était pas : *Stulti faciunt*
» *sapientes*, ce qui n'aurait rien voulu
» dire, car les fous ne font pas les sages;
» mais au contraire, dans les jeux de cette
» Société les gens sages faisaient les fous,
» ou faisaient des folies, etc. »

Mais, Monsieur Girault, avez-vous pris à tâche de montrer de la mauvaise foi, en continuant de défigurer toutes les phrases que vous citez, et cela dans la seule vue d'y faire voir des fautes aux autres, où de bonne foi, vous n'en voyez pas vous-même? nous allons vous prouver encore sans ré-

plique, et pour la 16ᵉ fois, ce que nous
avançons ici ; citons l'article *tel* qu'il se
trouve dans notre Guide, page 287, le
voici : » *Sa devise* (en parlant de la Mère-
Folle) POUVAIT ÊTRE à cette époque : *Stulti
faciunt sapientes.* » En disant : *pouvait
être,* expression que M. Girault passe à
dessein sous silence, nous ne disons pas
que sa devise fût ; donc nous étions de son
avis et qu'il n'y avait aucune censure à
faire sur cet article, s'il ne l'eût pas dé-
figuré auparavant. Voilà comment M. Girault
expose sa bonne foi en littérature, si toute-
fois il lui en reste encore !

XVII.

Page 300, M. Girault nous fait dire :
« *Auguste est le principal personnage
» du bas-relief du triumvirat.* » Mais
» ajoute-il, s'il est vrai, comme le dit
» M. Baudot ici particulièrement cité, qu'*a-
» près la mort de César, Antoine fut
» le HÉROS du triumvirat, eut dans son
» lot les Gaules, et après lui Lépide,
» pendant plus de* 50 *ans* ; en élevant dans
» les Gaules un monument de ce triumvi-
» rat, c'était le dominateur des Gaules,
» qu'on dut y mettre au premier rang,
» comme on y aurait mis au premier or-
» dre Auguste à Rome, ce qui est en effet
» sur la médaille portant pour légende :

» *Salus generis humani.* Eût-on osé, dans
» les Gaules, placer avant Antoine, Octave
» qui n'y commandait pas ? Eût-on osé
» mettre le souverain des Gaules au second
» rang, et après son rival et son compéti-
» teur ? »

La médaille qui porte pour légende :
Salus generis humani, a été frappée à
Rome, tandis que la sculpture du triumvirat dont nous venons de parler ici, a été
exécutée dans ce pays ; et comme les évè-
nemens n'étaient pas les mêmes, la médaille et le bas-relief ne peuvent soutenir
une comparaison. Nous dirons seulement
ici à M. Girault, que pour parler histoire,
il ne s'agit pas d'être *compilateur* ; il faut
connaître à fond l'Histoire romaine pour
comprendre celle des Gaules, et que ne
connaissant pas mieux l'une que l'autre, il
a tort de vouloir disserter sur des objets
qui ne sont pour lui que des énigmes ou
de vrais hiérogliphes ; nous le renvoyons
pour l'explication de ces derniers, à l'érudit
et modeste M. Baudot.

XVIII.

Page 315, « L'oiseau de l'Arquebuse
» de Dijon ne fut jamais un *Paquebot :* un
» *paquebot* est un petit bâtiment de mer. »
M. Girault a ici raison pour la première
fois, et cela lui arrive si rarement, qu'il y

aurait de notre part, une grande injustice
de ne pas la lui accorder ; nous avouons
franchement que c'est une faute d'impres-
sion qui nous a passé, nous voulions dire
Papegaud au lieu de paquebot ; nous en
remercions très sincèrement M. Girault ;
mais seulement nous sommes fâché pour
lui, que pour découvrir cette faute d'im-
pression, il ait fait imprimer 24 pages de
mensonges, de sarcasmes et de sottises
qui vont le mettre à découvert et le faire
connaître tel qu'il est ; cependant, service
pour service, nous allons lui faire connaître
qu'en voulant relever notre erreur, il en
commet une lui-même que nous allons lui
indiquer, il dit :

» On plantait l'oiseau sur une perche ap-
» pelée *Papegai*, qui s'attachait après une
plus grande, (voyez Manuel lexique). »

On ne connaît point de perche, qui, en
français s'appelle *Papegai*, mais on connaît le mot PAPEGEAI ou *Papegai*, qui
signifie : *Oiseau de carte* ou *de bois* planté
au bout d'une perche ; on dit aussi *Papegaud* (voyez les *Dictionnaires de Boiste,
et de l'Académie*). Nous parions que M. Girault ne nous remerciera pas, pour lui faire
connaître ici l'erreur qu'il a commise, et qui,
certes, est bien plus grande que la nôtre, par
la raison que ce n'est point une faute d'im-
pression, mais bien une faute que l'on ne

peut regarder que comme le fruit de son
ignorance.

XIX.

Page 332. *Le nom de cette montagne
(le Mont-Afrique) paraît venir des sol-
dats africains qui composaient en grande
partie les légions que Jules-César y plaça.*

« Il est établi, page 140 du rapport des
» travaux de l'Académie, 1819, (continue
» notre savant antiquaire) que de toutes les
» opinions celle-là est la moins soutenable,
» etc. »

Mais puisque M. Girault prétend que
cette opinion est la moins soutenable,
pourquoi n'indique-t-il pas celle qu'il croit
la meilleure? c'est qu'il n'en connaît point.
Comme il s'appuie souvent de Courtépée,
nous allons lui citer le passage de cet auteur
d'où nous avons extrait notre article, le
voici : tom. 2, page 10. « Le nom de Mont-
» *Afrique* lui vient, selon une ancienne
« tradition, des *Africains,* qui y ont campé
« du temps de César ou d'Auguste. » Voilà
nos preuves, nous les indiquons; il est vrai
que le même auteur dit deux lignes plus
bas : » Peut être ce nom lui vient-il de
» sa position au sud-ouest de la ville et du
» vent *Africus ,* son sommet étant or-
» dinairement noir et couvert de nuages,
» quand le vent qui annonce la pluie et les
» orages vient de ce côté ; etc. » On voit

par là en effet , que Courtépée ne s'est
point arrêté à sa première assertion ; il n'est
guère plus sûr de la seconde, puisqu'il commence par le mot *peut-être*, qui annonce
desuite , un doute ou une présomption.
Après plusieurs autres recherches , nous
avons trouvé sur l'étymologie du *Mont-
Afrique*, une autre opinion qui paraît se
rapprocher davantage de la vérité ; c'est
Bullet qui nous la fournit à son article,
langue Celtique : il fait dériver ce nom
de deux mots Celtes *Afr* mauvais-e , et
iquea, côte, colline, montage ; *Afriquea*
en Celte, signifie donc *montagne stérile*;
c'est ainsi que les Celtes désignaient cette
montagne, comme n'étant susceptible que
d'une faible production. Suivant le même
auteur, les noms des habitations principales ont été pris de leur situation ; ainsi l'on
voit toujours dans le langage des premiers
habitans d'un pays , pourquoi une ville, un
bourg , un village , etc. ont reçu le nom
qui les distingue. Les Celtes étaient venus
avant tous les autres peuples dans ces vastes
contrées que nous habitons : c'est donc dans
le *Celtique* seul, que l'on peut trouver les
vrais étymologies des montagnes , des ri-
vières et des cités dont ces belles régions
sont remplies. Voilà trois opinions que nous
émettons sur l'étymologie du *Mont-Afrique*, nous ne pouvons parler de celle de
M. Girault, que quand nous la connaîtrons.

s'il est plus heureux que nous, nous l'en féliciterons.

XX.

Page 353. » Ce ne fut pas la princesse de
» Condé, dit notre critique, qui mit dans le
» verre de *Santeul* (il faut dire *Santeuil*)
» une prise de tabac d'Espagne........ Ce
» fut une jeune dame, que nous ne nom-
» merons pas par rapport à sa famille encore
» existante, qui, placée à table près de
» *Santeul*, se prêta innocemment à ce ba-
» dinage qui devint si sérieux par ses suites. »

Le passage de notre *Guide* page 353,
critiqué ici par M. Girault, est appuyé de
l'assertion de M. Robert de Bezouotte,
Dictionnaire géographique, page 479. Cette
indication nous suffit pour réfuter M. Girault,
nous n'en rapporterons pas d'autres.

XXI.

« L'on est allé jusqu'à faire dire à
» M. Noëllat, pages 48 et 5o, que la
» Sainte-Chapelle l'emportait sur les ca-
» thédrales ; et les tombeaux des ducs de
» Bourgogne, sur ceux des ducs de Savoie
» à Brou ; des Monmorency, à Moulins ;
» des princes d'Oranges à Breda, etc., etc.
» l'amour de son pays a emporté l'écrivain
» beaucoup trop loin, même au-delà d'une
» juste impartialité, et le voyageur et *Mes-*
» *sieurs les Étrangers* (page 254), qui

» auront visité les tombeaux de Brou, de
» Moulins et autres, voyant cette hyper-
» bole, pourraient ne pas en croire M Noëllat
» sur beaucoup d'autres choses. »

Nous dirons encore ici à M. Girault qu'il
ne dit que des mensonges, que personne ne
nous a fait dire, ce qu'il rapporte ici des
pages 28 et 50 de notre Guide ; que nous
n'avons cité ces exemples, que d'après un
auteur digne de foi qui a vu tous ces monumens sur les lieux, et qui, d'après les
profondes connaissances, était plus à même
que M. Girault, d'en faire la comparaison.
Nous ne craignons donc pas d'induire en
erreur *Messieurs les Étrangers*, nous
n'avons puisé que dans les sources les plus
pures, à l'exception d'une seule, celle de
M. Girault, où nous avons trouvé à la vérité beaucoup d'ivraie dont nous ne lui avons
fait aucun tort, afin de le laisser jouir pai-
siblement de sa fausse gloire, jusqu'à la fin
de sa respectable carrière.

Quant aux mots *Messieurs les Étrangers*
qu'il fait remarquer plusieurs fois en lettres
italiques ainsi qu'en lettres CAPITALES
et en indiquant toujours la p. 54 de notre
Guide où ils se trouvent, nous lui répondrons
que cette expression ne nous appartient pas,
qu'elle fait partie de la note qui nous a
été remise par M. le Bibliothécaire ; d'ail-
leurs, nous appartiendrait-elle, nous ne
rougirions pas de traiter les *Étrangers* d'une

manière polie, M. Girault aurait sans doute
voulu que l'auteur de cette expression, l'eût
changée en celle-ci : *Messieurs les Sa-
voyards*, celà l'aurait peut-être un peu plus
flatté de lui assimiler ces messieurs; mais il
sait bien cependant, que tous les Étrangers
ne viennent pas de cette contrée.

XXII.

» *Je remercie M. Noëllat*, dit notre
» petit critique, *de son intention à men-*
» *tionner ma bibliothèque, page* 292;
» *je possède il est vrai, beaucoup*
» *d'ouvrages, de brochures, d'opus-*
» *cules relatifs à l'histoire des deux*
» *Bourgognes.*» Puis après avoir beaucoup
vanté, comme par dérision, celle de
M. Baudot, il s'écrie : « *Ma bibliothèque*
» *n'est pas nombreuse.* » Ensuite il cite
au nombre de celles qui sont nombreuses,
celles de MM. le *premier Président*, de
Vogüé, le marquis *d'Agrain*, *Brenet* et le
chevalier de *Berbis :* il nous fait aussitôt
des reproches de n'en avoir pas parlé; puis
craignant que celle qu'il vient de citer ne
fassent oublier la sienne, il recommence
pour la troisième fois à la rappeler, en disant: *Pour la mienne, elle n'est que très
ordinaire.*

Ce pauvre M. Girault, craint tellement
qu'on n'oublie qu'il ait une bibliothèque,

qu'il a composé exprès l'article ci-dessus, commençant par annoncer *sa bibliothèque*: dans le milieu de l'article, il parle de *sa bibliothèque*, et il le termine par *sa bibliothèque*. De cette manière, il est impossible d'oublier qu'il en a véritablement une; mais ce que nous avons oublié, lui et nous, et ce dont il veut cependant bien ici ne nous faire aucun reproche, c'est d'avoir passé sous silence, que les trois quarts des Bouquins qu'ils possédent, déparent quelques bons ouvrages de *sa bibliothèque*, et surtout les *beaux cartons infolio*, avec titres, qui garnissent ses rayons, en attendant que les *savantes* et *véridiques* recherches de M. Girault, viennent remplir leur vuide.

Quant aux autres bibliothèques, dont il nous reproche de n'avoir pas parlé, nous lui répondrons : que ne les connaissant pas assez particulièrement, nous avons préféré les passer sous silence, pour ne pas nous exposer à être mis en parallèle, avec un *certain historien*, qui ne parle précisément que de ce qu'il ne connaît pas.

XXIII.

« Enfin, il n'est pas jusqu'aux *noms pro-*
» *pres* sur l'orthographe desquels on n'ait
» induit le *Guide* en erreur, et par suite
» *Messieurs les Étrangers*, page 254.
» (voyez notre article précédent à l'égard

» de ces derniers mots) qu'il est appelé à
» guider. On lui fait imprimer :

Page.		pour.
» 227	Rollin,	Rolin.
» 286	Febvret,	Fêvret.
» —	Lacépède,	De Lacépède.
» 317	La Monnaye,	De la Monnoye.
» —	Jeannhin,	Jeannin.
» 341	Morveaux,	De Morveau.
» 347	Paillot,	Palliot.
» 343	De la Marre,	De la Mare.
» 340	De Mimeure,	De Mimeures.
» 344	Le Ménétrier,	Lemenestrier.
» VIII	Chenevet, etc.	Chennevet.

Il ne nous sera pas plus difficile ici, que
dans les articles précédens, de faire retom-
ber sur la vanité et l'ignorance de notre
orgueilleux critique, les erreurs qu'il s'ef-
force toujours de nous imputer dans l'intention de nous nuire. Nous commencerons
d'abord par lui apprendre en sa qualité de
compilateur, que les noms propres n'ont
point de régle pour en fixer l'orthographe,
que ces noms ne sont véritablement bien
écrits, comme ils doivent l'être, que par
les personnes qui les portent, leurs pro-
ches, ou leurs amis qui voient souvent
leur signature, et que tous les autres les
estropient, plus ou moins, selon le dégré
de leur connaissance. Donnons quelques
exemples pour appuyer notre assertion,

on ne peut le faire par des sottises comme le fait notre antagoniste, il n'y a que les preuves qui peuvent convaincre : l'abbé Chenevet, dans son almanach de la Province, 1772, dit au verso du calendrier, MORVEAU (M. Guython de); le même, page 5, dit : MORVEAUX (M. Guyton de); le même page 223, dit encore : MORVAUX, *Villa Mervellus*. Voilà donc deux manières d'écrire *Guyton*, et trois manières d'écrire *Morveaux*, et cela dans un temps, et dans une ville, où vivait alors *M. Guyton de Morveaux*. Legouz-Gerland , page IX, écrit : *De la Marre*. par deux r et en trois mots comme nous l'avons fait. Le même, *id.*, écrit comme nous, l'abbé *Chenevet* avec un seul *n*. Courtépée tom. 2, page 212, dit également comme nous *Paillot* et non *Patliot*. On trouve dans les anciennes chartes *Febvret* et non *Févret*, comme on écrivait *Febvrier* pour *Février*, et comme l'on écrit encore aujourd'hui , *Febvre* pour *Fèvre*. Ce peu d'exemples doivent suffire, pour prouver ce que nous avons avancé en parlant des noms propres, ils ont si souvent changé, qu'il est, comme on le voit, fort difficile, de trouver un point fixe pour appuyer ses idées. Mais ce qu'il y a de plus triste pour notre pauvre antagoniste, c'est que nous allons l'opposer à lui-même, en citant des exemples puisés dans ses propres ouvrages, où il n'écrit pas un *seul mot semblable*, à chacun de ceux qu'il prétend nous donner pour modèle.

Pour rendre ce tableau plus sensible, plaçons sur trois colonnes, 1° les *noms propres* critiqués ; 2° ces *mêmes noms* prétendus corrigés par M. Girault ; 3° ces mêmes noms employés par lui dans ses *Essais*.

Page.	GUIDE.	GIRAULT.	GIRAULT.
227.	Rollin, *pour*	Rolin.	Rollin, *huit fois* répété avec deux *l*, dans ses Essais, pag. 397, 98, 99.
286.	Lacépède,	de Lacépède.	Lacépède, pages 277, 503.
317.	La Monnaye,	de la Monnoye.	de Lamonnoye, p. 117. Lamonnoye, p. 295.
341.	De Morveaux,	de Morveau.	Guyton Morveau, p. 416, 516.
343.	De la marre,	de la Mare.	Delamare, p. 398. de Lamare, p. 195.
344.	Le Ménétrier,	Lemenestrier.	Menétrier, p. 420, 421.

Eh bien, M. Girault! ce tableau est-il assez clair, pour vous faire connaître que vous êtes en contradiction avec vous même; il fallait donc, avant de nous imputer des fautes dans les noms propres, que vous avez cités, consulter vos *Essais*, où vous les avez écrits comme nous et même encore d'une et deux manières différentes. Qui a tort de nous deux? n'êtes-vous pas encore battu avec vos propres armes; répondez?

Après avoir réfuté victorieusement les vingt-trois articles incriminés, du *Guide du Voyageur*, insérés dans le Journal de Dijon, nous allons jeter un coup d'œil rapide, sur les diatribes qui ont suivi cette insertion, en démontrant à notre antagoniste, que plus il prétend relever d'erreurs dans notre ouvrage, plus il en commet lui-même et dont il ne se lavera jamais.

La première de ses diatribes intitulée : *Réponse à l'Éditeur du Guide du Voyageur à Dijon*, commence par une épigraphe moitié latine et moitié française, ainsi conçue : *ne sutor ultra crepidam*:

Soyez plutôt maçon si c'est votre talent
(*Art. poëtique*).

Puis M. *Girault*, quatre lignes plus bas, commet une faute de français, à peine pardonnable à un *écolier de sixième*, ce qui se présente très à propos, pour lui appliquer *l'épigraphe* dont il vient de parler, et qui nous retrace parfaitement *son portrait* ; voici sa phrase : « La concurrence avec le » sieur Noëllat n'est faite pour effrayer per- » sonne.... MALGRÉ QU'IL *ait une impri-* » *merie à ses ordres*; etc.» Nous appren- drons à M. Girault, *quoiqu'il soit* membre de douze Sociétés savantes, qu'il aurait dû écrire : QUOIQU'IL *ait* une Imprimerie, etc. Et non : MALGRÉ QU'IL *ait* etc., parce que le mot *malgré* est une préposition, qui signi- fie *contre le gré de...* et qui ne s'emploie qu'avec un nom ou pronom, comme : *malgré* lui, *malgré* moi, *malgré* les difficultés. *Malgré que*, ne peut se construire qu'avec le verbe *avoir* précédé de la préposition *en*; ainsi l'on dit : *malgré qu'il en ait, malgré que j'en eusse*; mais l'on ne peut dire : *malgré qu'il* ait. Le nouveau Dictionnaire de la langue française par J.-CH. *Laveaux*, Paris 1820, explique la règle, et le Dictionnaire de l'Académie en contient l'exemple.

A la seconde page de sa diatribe, notre critique prétend en parlant du *Guide de l'amateur*, que le mot AMATEUR ne se dit jamais sans régime. Nous dirons donc encore ici à M. Girault, que le mot AMATEUR s'emploie avec régime et sans régime. On dit: AMATEUR de la vertu, de la gloire, de louanges etc., et en parlant de quelqu'un qui aime les beaux-arts sans les exercer : il ne sait pas peindre, mais il est AMATEUR (Dict. de l'Académie). *M. Thierry*, auteur du *Voyageur à Paris*, a fait aussi pour cette même ville, un petit ouvrage intitulé : *Guide des* AMATEURS. Mais si les exemples que nous venons de citer, ne paraissaient pas encore suffisans pour convaincre notre critique, que le mot AMATEUR peut aussi s'employer sans régime, nous le renverrions à ses prétendus Monumens des arts, page 126, où il y trouverait cette phrase, qu'il a probablement oubliée, ligne 17 : *vis-à-vis est un Christ d'un maître inconnu, mais estim-*

des AMATEURS. Notre antagoniste, comme à l'ordinaire, se voit donc encore ici battu par ses propres armes.

A la cinquième page de la même diatribe, notre critique dit :

« *Hugues Sambin* n'est point auteur
» d'un livre intitulé *de la Diversité des*
» TEMPS, mais *de la Diversité des* TERMES
» dont on use en architecture. » Si M. Girault, qui a tant feuilleté Courtépée, se fût donné la peine de le relire, il y aurait trouvé le passage qu'il nous réfute, le voici : » Le
» portail (de Saint-Michel) d'assez bon goût,
» est composé de trois arcades gothiques,
» sur lesquelles on a disposé différens ordres
» d'architecture, couronnés de chaque côté
» de petits dômes, d'après les dessins de
» *Hugues Sambin*, qui dans son livre de
» la diversité des TEMPS, prend la qualité
» d'*Architecteur de Dijon*. » (Courtépée, t. 2, page 211.)

Nous n'avons rien inventé, nous rapportons le passage tel que nous l'a fourni Courtépée; nous demanderons seulement à M. Girault, pourquoi il continue d'estropier toutes les phrases qu'il cite pour tomber lui-même dans l'erreur ? *Hugues Sambin*, en intitulant son livre de la *Diversité des* TEMPS, n'a eu d'autre intention que de faire connaître, qu'à chaque siècle, l'architecture changeait, et n'était plus la même; ce qui est bien caractérisé par ces mots : *la Diversité des* TEMPS et non la Diversité des TERMES.

Notre critique nous reproche ensuite, de nous être servi du mot MONUMENTAL employé dans cette phrase : « un *marbre mo-* » *numental* sur lequel sont inscrits en » lettres creuses et couchées en or, les » noms de, etc., etc., page 251 de notre » *Guide.* » Il nous assure que ce mot n'est pas français, parce qu'il ne se trouve pas dans le *Dictionnaire de l'Académie.* Nous lui répondrons que ce mot est *très fran-* *çais*, qu'il se trouve dans les Dictionnaires de *Goigoux, Boiste, Rolland* et *Laveaux* qui le désignent ainsi : *Monumental-e,* adject., *qui a rapport aux monumens, qui s'applique aux monumens; statue mo-* *numentale, architecture monumentale,* *marbre monumental.* Ce mot est nouveau à la vérité, et s'il ne se trouve pas dans le Dictionnaire de l'Académie, c'est que nos bons auteurs n'en ont fait usage que depuis que cette Société a donné la dernière édition de son Dictionnaire. Plusieurs ont employé ce mot, qui explique parfaitement la chose pour laquelle il a été créé, et nous avons suivi leur exemple.

Notre critique, après avoir épuisé dans sa première diatribe, tout ce que pouvait lui suggérer le désir de nous nuire, prétend n'en avoir pas encore assez dit, et termine ainsi ce qu'il appelle la *prose* en s'écriant :

(49)

« à ces passages et autres du même genre,
» on reconnaîtra facilement la prose du sieur
» Noëllat, voici des fragmens de ses vers,
» puisés dans le *Journal de Dijon*, pre-
» mier janvier 1820, afin qu'on les recon-
» naisse aussi à première lecture » ; puis
après avoir cité seize vers, qu'il croit nous
appartenir, il continue : « à ce style on re-
» connaîtra facilement un ANCIEN PROFESSEUR
» DE LANGUES ANCIENNES ET MODERNES, UN AN-
» CIEN MEMBRE DE L'UNIVERSITÉ ROYALE; car
» c'est ainsi que le sieur Noëllat, ne craint
» pas de se qualifier. »

Il paraît que notre antagoniste, se fait
un jeu de la calomnie, ne voulant pas se
donner la peine d'éclaircir les faits avant
d'en parler; il ne dit plus que des absur-
dités, peu lui importe, pourvu qu'il en
impose au public; il n'y a pas un seul mot
de vrai, dans tout ce que nous venons de
rapporter ici. Nous allons lui en fournir la
preuve. Les vers qu'il nous attribue, sont
d'une personne qui a désiré ne pas être nom-
mée, mais que M. Girault connaît lui-même
et dont il a dans sa bibliothèque l'exemplaire
d'un petit ouvrage qui sans doute l'aura
aussi un peu chagriné dans le temps. Il est
donc impossible que l'on reconnaisse facilement *à ce style*, comme le dit M. Girault,
*un ancien Professeur de langues ancien-
nes et modernes, un ancien Membre de
l'Université royale,* puisque l'auteur de

ces vers, n'a jamais été ni Professeur, ni
Membre d'aucune Université. Voilà donc
erreurs sur erreurs; puis il continue : » car
» c'est ainsi que le sieur Noëllat ne craint
» pas de se qualifier. »

Nous craindrions de nous donner pour
l'auteur des vers incriminés, parce que nous
ne voulons dire que la vérité; mais nous
ne craignons pas de nous qualifier des
titres *d'ancien Professeur de langues
anciennes et modernes et d'ancien Membre
de l'Université royale,* parce que
précisément, nous ne voulons encore dire
ici que la vérité. Il est de notoriété publique, et M. Girault est peut-être le seul qui
l'ignore, que nous avons exercé à Dijon
même et pendant plus de douze ans, les pé-
nibles fonctions de Professeur de langues
grecque et latine, donc nous n'usurpons
pas le titre *d'ancien Professeur de langues anciennes.* Il est également notoire
que nous avons enseigné les Langues française, anglaise, allemande, italienne et es-
pagnole; quarante pères de famille, l'élite
de la nation italienne, envoyés en ôtage à
Dijon, et plus de cent sous-officiers, officiers
et officiers supérieurs espagnols, envoyés
également dans notre ville, comme prison-
niers de guerre, et, à qui nous avons donné
pendant près de deux ans des leçons de langue française, pourraient attester ce que
nous avançons; donc nous n'usurpons pas

le titre *d'ancien Professeur de langues modernes.*

Pour prouver également que nous ne craignons pas de prendre le titre *d'ancien Membre de l'Université royale*, M. Girault appuie son raisonnement sur ce que, d'après le Journal de la Côte-d'Or, qu'il cite comme autorité, nous n'étions tout simplement alors que *grammairien* du premier âge.

Nous ne concevons pas comment notre *académicien-antiquaire* ose se dégrader ainsi en ne continuant qu'à proférer les mensonges les plus absurdes ; la meilleure preuve que nous puissions lui produire sur le motif du titre dont il nous dispute l'honneur, preuve qui va encore achever de démasquer sa mauvaise foi, c'est l'extrait des *Diplômes* qui nous ont été accordés par S. Exc. le Grand-Maître de l'Université, en date des 5 et 6 octobre 1809 et que nous allons rapporter ici :

» NOUS Louis DE FONTANES , Grand-
» Maître de l'Université , etc. Sur le rapport
» favorable qui nous a été fait par M. le Rec-
» teur de l'Académie de Dijon, de la capacité
» du requérant, de sa bonne conduite et de ses
» services dans l'enseignement durant dix
» années : DONNONS, par ces présentes au-
» dit sieur NOELLAT, (J.-B^{te}.) les grades de
» *Bachelier ès Lettres et ès Sciences*, pour
» en jouir avec les droits et prérogatifs qui

» y sont attachés par les lois, décrets et ré-
» glemens tant dans l'ordre civil que dans
» l'ordre des fonctions de l'Université,

» LE GRAND-MAÎTRE,

« Signé, FONTANES. »

Après la réception de nos Diplômes, nous
avons été lié à l'Université de France et nous
avons fait partie des *Membres* de ce Corps
enseignant jusqu'en 1811, époque à laquelle
nous embrassâmes la profession que nous
exerçons aujourd'hui, par suite du décret
du Gouvernement d'alors, qui nous priva
des ressources de notre état, en enjoignant
à tous les Chefs d'Institution, d'envoyer au
Lycée, indistinctement, tous leurs élèves
au-dessus de la cinquième.

D'après les preuves authentiques que nous
venons de rapporter, nous n'en imposons
donc pas, comme le prétend M. Girault, en
prenant le titre d'*ancien Membre de l'Université royale.* Nous sommes fâché d'avoir
eu à nous justifier sur des choses qui bles-
sent notre modestie, mais nous y avons été
forcé, pour repousser les mensonges et la
calomnie de notre antagoniste.

Ne sachant plus qu'elle chose inventer
pour nous nuire, notre critique emploie un
typographe auquel il accorde gratuitement
le titre d'*habile*, pour l'aider à grossir la
somme de ses mensonges. Il lui fait dire

qu'il a relevé de nombreuses fautes de typographie dans les six premières pages de notre GUIDE, où, de l'aveu du Public éclairé, il n'en existe aucune. C'est se rendre complice des erreurs de quelqu'un, en voulant soutenir son parti lorsqu'il est erronné; ce qui semble faute à un typographe, n'est pas faute pour un autre; il n'y a de règle à cet égard que le bon goût. Le typographe en question doit le savoir comme nous; et si ses ouvrages passaient à la censure, il soutiendrait qu'il n'aurait commis aucune faute où d'autres typographes lui trouveraient des erreurs.

Notre critique prétend encore que, pour débiter notre GUIDE, nous allons l'offrir dans les maisons comme voulant en faire un présent et que quand on nous remercie, nous en demandons trois francs.

Pour agir ainsi, il faudrait être aussi inconséquent que l'est M. Girault, pour en imposer au Public, en inventant un fait semblable. Nous avons offert, il est vrai, comme faible présent, quelques exemplaires de notre GUIDE, aux personnes qui ont bien voulu nous aider de leurs avis ou nous donner des renseignemens, pour perfectionner notre ouvrage; mais nous sommes très éloigné de croire, qu'aucune d'elles puisse assurer à M. Girault ou à d'autre, que nous ayons demandé de l'argent, puisqu'au contraire nous en avons refusé de plusieurs personnes qui, par délicatesse, voulaient nous en offrir. Quant aux personnes qui nous l'ont payé, c'est qu'elles nous l'avaient assuré d'avance ou qu'elles nous l'ont fait demander lorsqu'il a paru ; et dans ce cas, comme nous n'avons pas pris l'engagement d'en faire hommage à tout le monde, nous n'avons qu'exercé honnêtement notre profession de de Libraire, en recevant en argent, la valeur de notre marchandise.

Enfin, M. Girault, après avoir épuisé contre nous tout ce que la mauvaise foi, la vanité et l'orgueil ont pu lui suggérer, et en des termes qui déshonorent la plume d'un académicien, finit par assurer que nous ne sommes pas l'auteur de notre justification ; il somme l'auteur d'avoir à signer ses articles, et le menace d'y répondre jusqu'à ce qu'il se soit nommé. Nous les signerons, et M. Girault sera très étonné de se trouver jusqu'à la fin dans l'erreur, pour ne vouloir pas se corriger et croire tout ce qu'on lui dit, à l'exception de la vérité qu'il ne veut voir nulle part. Nous croyons cependant la lui avoir fait connaître de la manière la plus évidente, en lui prouvant, par les citations d'auteurs dignes de foi, qu'il a été lui-même induit en erreur sur chacun des articles de notre *Guide* qu'il a prétendu critiquer. Nous lui avions prédit, en commençant à nous justifier, *qu'en voulant nous attaquer il s'attaquait lui-même ;* nous ne nous som-

mes pas démenti, et si nous n'avons pu convaincre M. Girault, parce qu'il ne veut point
connaître ses torts, nous l'avons du moins
battu constamment avec ses propres armes ;
nous avons convaincu le Public, et cela nous
suffit. Mais nous déclarons ici publiquement,
que nous n'avons usé que du droit d'une lé-
gitime défense, car nous nous serions bien
gardé de l'attaquer (quoique les nombreuses
erreurs qui déparent tous ses écrits, nous en
fournissent chaque jour l'occasion), s'il ne
nous eût pas provoqué le premier.

Désirant donc ardemment coopérer à sa
conversion et le guérir de la maladie de vouloir à l'avenir critiquer les autres, nous ter-
minerons notre justification par lui offrir son
PORTRAIT, parfaitement ressemblant, et tracé
par un de nos plus grands philosophes du
XVIIIᵉ siècle ; peut-être, après l'échec qu'il
vient de s'attirer, sera-ce pour lui, s'il veut
l'examiner, la meilleure correction que l'on
puisse jamais lui donner ! Le voici :

ORGUEIL.

« CICÉRON, dans une de ses lettres, dit
» familièrement à son ami : mandez-moi à
» qui vous voulez que je fasse donner les
» Gaules. Dans une autre, il se plaint d'être
» fatigué des lettres de je ne sais quels
» princes qui le remercient, d'avoir fait
» ériger leurs provinces en royaumes, et

» il ajoute qu'il ne sait pas seulement, où
» ces royaumes sont situés.

« Il se peut que Cicéron qui avait souvent
» vu le peuple romain, le peuple-roi, lui
» applaudir et lui obéir, et qui était remercié
» par des rois qu'il ne connaissait pas eût
» quelques mouvemens *d'orgueil* et de *va-*
» *nité.*

« Quoique ce *sentiment* ne soit point du
» tout *convenable* à un aussi chétif ani-
» mal que l'homme, cependant on pourrait
» le pardonner à un Cicéron, à un César, à
» un Scipion.

« Mais que dans le fond d'une de nos pro-
» vinces à demi-barbares, *un homme* qui
» sera revêtu *d'une petite charge* et qui
» a fait imprimer *des..... médiocres* s'a-
» vise d'être ORGUEILLEUX, il y a là de quoi
» rire, et long-temps.

« On pardonne tout, hors L'ORGUEIL. »

(*Voltaire chrétien, page* 148, *Paris,* 1820).

J-B^{te} NOELLAT.

Nota : Les personnes qui ont acheté ou achete-
ront notre *Guide du Voyageur et de l'Amateur à
Dijon,* pourront se procurer, si elles le désirent,
la justification à la prétendue critique de M. Girault, que nous avons imprimée même format, et
qui peut se placer comme complément à la suite
de l'ouvrage. *Prix :* 50 *centimes.*

DIJON, IMPRIMERIE DE NOELLAT.

www.ingramcontent.com/pod-product-compliance
Lightning Source LLC
LaVergne TN
LVHW022030080426
835513LV00009B/960